El Día de los Muertos es un momento de alegría para los mexicanos.

En pocas palabras, es algo así como... si los muertos regresaran en su casa para festejar!

Las tumbas son limpiadas y decoradas con velas y flores de naranja, el zempaxuchitl.

Los altares también son criado en las casas.

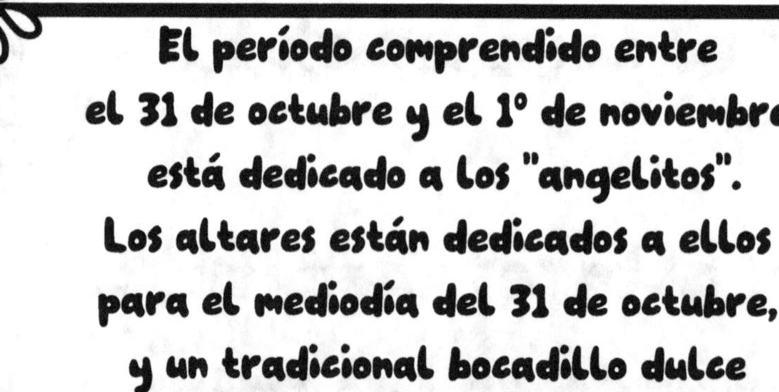

El período comprendido entre
el 31 de octubre y el 1º de noviembre
está dedicado a los "angelitos".
Los altares están dedicados a ellos
para el mediodía del 31 de octubre,
y un tradicional bocadillo dulce
se les ofrece a las 7 p.m.

La mañana del 1 de noviembre
(Día de todos los santos / Todos
Santos)
está dedicado
en el desayuno
de los "angelitos".

Es entonces para
los adultos fallecidos
que las noticias
ofertas
son depositados
en los altares

RIP

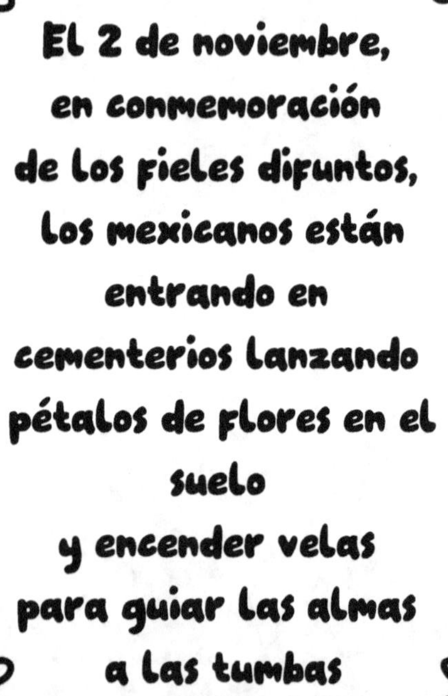
El 2 de noviembre,
en conmemoración
de los fieles difuntos,
los mexicanos están
entrando en
cementerios lanzando
pétalos de flores en el
suelo
y encender velas
para guiar las almas
a las tumbas

Esta visita, que tiene la
particularidad
para ser festivo, es la ocasión
para limpiar las tumbas
de los fallecidos y
traerlos...
ofrendas,
incluyendo las flores
de cempasúchil (rosas de la India)
o caléndulas,
y la comida.

Los mexicanos hacen altares
para sus muertos en sus casas
Se colocan allí varias ofrendas
los más comunes de los cuales son
el retrato del difunto
y sus pertenencias personales,
calaveras,
velas, flores,
un crucifijo, papel picado,
incienso, copal
y la comida.

El retrato o los retratos de los fallecidos
honra la parte superior del altar
Pertenencias personales...
sirven para complacer al difunto
y para recordarle que es amado...
y que no ha sido olvidado.
Las calaveras son calaveras de azúcar,
de chocolate o de plástico
inscrito en
el nombre del difunto
y que se utilizan para la decoración

Dia de Los MUERTOS

Las velas representan
la forma en que
el fallecido
debe seguir
para llegar
en su altar

Las familias limpian y decoran
a menudo las tumbas de las flores,
como zempaxuchiti,
así como coronas de rosas
y girasoles, entre otras cosas.
Sobre el altar está
normalmente caléndulas,
que puede ser colgado
en collares o en un arco.
Esta flor simboliza
la radiación del sol,
considerado como el origen de todo.
Cada flor representa una vida,
y en el caso de los fallecidos,
significa que ella tiene
siempre su lugar en el "Todo"
y que no ha sido olvidado...
por sus amigos y familia

La cruz se coloca en
la parte superior del altar,
en un lado de la imagen del
fallecido
El papel picado es
una artesanía mexicana
hecho de papel
recortado en figuras de
esqueletos y cráneos
o de todo tipo
de patrones geométricos

Incienso y copal,
simbolizan
el paso de la vida
al morir

estamos dejando comida
en el altar, incluyendo
el pan de muerto,
calaveras de azúcar
(calaveras de alfeñique)
calabaza confitada ("calabaza en tacha"),
caramelos, fruta,
agua bendita y a veces
ofrendas apreciadas
por el fallecido

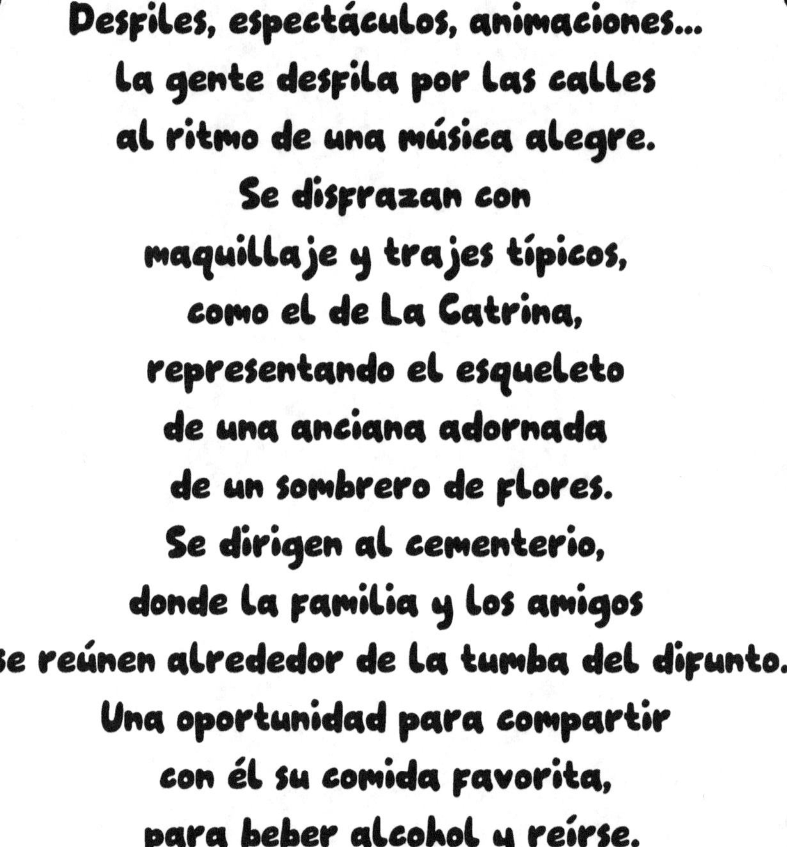

Desfiles, espectáculos, animaciones...
la gente desfila por las calles
al ritmo de una música alegre.
Se disfrazan con
maquillaje y trajes típicos,
como el de La Catrina,
representando el esqueleto
de una anciana adornada
de un sombrero de flores.
Se dirigen al cementerio,
donde la familia y los amigos
se reúnen alrededor de la tumba del difunto.
Una oportunidad para compartir
con él su comida favorita,
para beber alcohol y reírse.

Hoy,
esta tradición no es
completamente impermeable
a otras culturas:
así que es más y más
corriendo por ahí viendo niños,
disfrazado de vampiro o de
monstruo,
reclamando caramelos o monedas,
de la Fiesta de los Muertos
cae al mismo tiempo
que en Halloween.

Esperamos que este libro
podría haberte enseñado lo que es
el Día de los Muertos en México.

Encontrarás muchas
otros libros similares
en nuestra página de Amazon.

Déjenos una nota.
y un comentario
en la hoja de producto
de este libro si te gustaba.

Ayúdanos a mejorar,
cualquier sugerencia es bienvenida.

Gracias y hasta pronto.

Editions Eaka